Accede al material audiovisual

www.vimeo.com/482534145

Contraseña: gotita

LA GOTITA VIAJERA

A Xiana

Título original: *A gotiña viaxeira*

© 2019 Toño Núñez (texto)
© 2019 Miguel Anxo Macía (ilustraciones)

Música: © Francisco M. Fernández Muinelo
Grupo Batital: Iria Estévez (voz), Yuri Sidar (acordeón y efectos sonoros),
Pablo Expósito (batería), Carlos M. López (bajo)
Voces narrativas: Iria Estévez y Toño Núñez
Grabación y producción de sonido: Gonzo Piña
Imágenes y montaje audiovisual: Xosé Reigosa

Traducción: Xosé Antón Núñez Álvarez

D.R. © Editorial Océano, S.L.
Milanesat 21-23, Edificio Océano
08017 Barcelona, España
www.oceano.com

D.R. © Editorial Océano de México, S.A. de C.V.
Guillermo Barroso 17-5, Col. Industrial Las Armas
Tlalnepantla de Baz, 54080, Estado de México
www.oceano.mx
www.oceanotravesia.mx

Primera edición: 2020
ISBN: 978-607-557-072-3
Depósito legal: B 1758-2021

HECHO EN ESPAÑA/*MADE IN SPAIN*
IMPRESO EN ESPAÑA/*PRINTED IN SPAIN*

9005343010221

LA GOTITA VIAJERA

Un cuento canción de **Toño Núñez**

ilustrado por **Miguel Anxo Macía**

OCEANO Travesía

Un día de verano que hacía mucho calor,
estaban jugando un montón de gotitas
de agua en el mar. Unas saltaban, otras
huían de los barcos que pasaban
y otras, otras se reían y corrían para
que los peces no las atrapasen.

La más grande y revoltosa de todas, la atrevida **Plas**, tuvo una idea. Entonces, llamó a sus compañeras y les dijo:

—¿Por qué no vamos hasta la playa a jugar con la arena?

—Sí, sí, vamos —aceptaron las demás encantadas.

De esta manera, las gotitas amigas subieron
todas juntas en una ola revoltosa y se fueron
con ella hasta la playa.

Cuando llegaron le dieron miles de besos
a la arena y se pusieron a jugar con ella.

Pero la más pequeñita, redondita y saltarina,
que se llamaba **Plis**, pronto se sintió cansada.
Al ratito, se acurrucó en el lecho de
arena fina para descansar y para secar
su barriguita, que la tenía muy mojada.

Mientras,
sus compañeras
se fueron alejando despreocupadas
sin darse cuenta de que **Plis** se había
quedado sola. Después, montaron en otra
ola y volvieron al mar sin echar
en falta a su amiguita.

La pobre **Plis**, como estaba tan cansada,
y como el sol le hacía caricias en su cara,
se fue quedando dormidita.

Mientras dormía, el sol siguió calentándola
hasta que logró que **Plis** se evaporase.

Así,
convertida en vapor,
comenzó a ascender y ascender y
el viento la fue llevando y llevando sin
que ella se enterase, porque iba dormidita
en medio del aire. Y, de esta manera,
llegó hasta un lugar muy alto
en la atmósfera.

Pero, allí arriba hacía mucho frío y la pobre **Plis**, que iba desnuda, despertó tiritando:

—Pero... ¿dónde estoy? —se preguntó.

Fue abriendo los ojos lentamente hasta que pudo comprobar que a su alrededor había miles de gotitas como ella. Sin embargo, no conocía a ninguna, porque aquellas no eran sus compañeras. Entonces, la gotita viajera sintió ganas de llorar...

En aquel momento, otra gotita que estaba a su lado intentó consolarla:

—No te asustes —le dijo—, con nosotras estarás muy bien.

—Sí... pero yo no soy de este lugar; yo vivía feliz con mis amiguitas allí abajo, en el mar.

—Tranquila —le explicó su nueva compañera—, yo tampoco soy de aquí; ninguna lo somos. Estarás con nosotras hasta que formemos, todas juntas, nubes muy grandes. Todas las gotitas que venimos del mar nos metemos en este globo, y en otros como éste. Este globo es una nube y, cuando se llene, cuando ya no quepa ni una gotita más en ella, entonces, explota y... nosotras volvemos a la tierra, unas, y al mar, otras; bajamos todas juntas formando hilos muy largos de lluvia.

Y así sucedió. Aquel globo
en el que viajaban cientos, miles,
millones de gotitas, que era una nube,
se fue llenando y llenando hasta que... con
el frío que hacía allí arriba... y con tanto
peso... ¡plof! ¡Explotó! Y todas cayeron
otra vez desde las alturas.

Las nubes lloraban y
las gotitas caían sin cesar regando las
flores de los campos, la hierba de los prados,
las lechugas de los huertos, los árboles del
bosque... O, también, llenando los charcos,
las fuentes, los lagos, los ríos y
los mares...

A **Plis**

le tocó regar a una margarita

que estaba algo marchita ya,

allí, en un campo de Villameijide.

La margarita le agradeció

mucho su caricia y revivió;

se puso hermosa.

Después,
Plis se alejó rodando
por aquel campo, en pendiente
cuesta abajo, y fue a parar a un
riachuelo que se llama Pequeño.
En aquel riachuelo se encontró con muchas
más gotitas y, todas juntas, nadaron
bulliciosas, hasta alcanzar un río
más grande.

Era el río Navia. Siguieron
por aquel río durante varios días
y, al fin, se encontraron otra vez en el
mar. ¡Qué alegría para **Plis**! ¡Otra vez en su
casa: en el mar! Muy contenta, se subió a una
ola que pasaba y se fue en ella saltando y
cantando todas las canciones
que sabía.

Al cabo de un rato,
escuchó a otras gotitas
cantar la misma canción que ella
iba cantando… ¡Sorpresa! ¡Aquellas
eran sus amigas, las que había
perdido en la playa!
¡Qué bien! ¡Cuánta felicidad!

Todas, muy contentas,
corrieron a recibirla. La besaron,
la abrazaron y jugaron un buen rato
a salpicarse como locas. Después,
le preguntaron dónde
había estado.

Y **Plis** les explicó
minuciosamente su viaje, su aventura.
Y ellas la escucharon con máxima atención.
Cuando terminó de contarles, se subieron a
otra ola y empezaron a cantar todas juntas,
de nuevo, una canción muy alegre
que decía así:

Las gotitas, por el mar,
viajaban sin parar;
todas llenas de emoción,
hicieron una excursión.

Plis dormidita quedó
y así se evaporó;
porque la quemaba el sol
como si fuese un farol.

Plis Plas, Plis Plas,
pie delante, pie detrás;
Plis Plas, Plis Plas,
pie delante, pie detrás.

Plis Plas, Plis Plas,
pie delante, pie detrás;
Plis Plas, Plis Plas,
pie delante, pie detrás.

Un viaje a las alturas
en busca de aventuras;
en un vapor embarcó,
y hasta las nubes llegó.

A una nube llegó,
la atmósfera recorrió;
hasta que empezó a llover,
y de allí pudo volver.

Plis Plas, Plis Plas,
pie delante, pie detrás;
Plis Plas, Plis Plas,
pie delante, pie detrás.

Plis Plas, Plis Plas,
pie delante, pie detrás;
Plis Plas, Plis Plas,
pie delante, pie detrás.

Y **Plis** regó una flor,
con ternura y con amor,
y después de darle vida,
volvió al punto de partida.

Valles, arroyos y ríos
recorrió con muchos bríos;
finalmente regresó...
y... la historia... ¡terminó!

**Plis Plas, Plis Plas,
pie delante, pie detrás;
Plis Plas, Plis Plas,
pie delante, pie detrás.**

**Plis Plas, Plis Plas,
pie delante, pie detrás;
Plis Plas, Plis Plas,
pie delante, pie detrás.**

Amiguitos y amiguitas
ya sabéis que las gotitas
no paran de viajar...
pero vuelven... siempre... al mar.

Por eso...
Plis Plas, Plis Plas,
pie delante, pie detrás;
Plis Plas, Plis Plas,
pie delante, pie detrás.

Plis Plas, Plis Plas,
pie delante, pie detrás;
Plis Plas, Plis Plas,
pie delante, pie detrás.

Plis Plas, Plis Plas,
pie delante, pie detrás;
Plis Plas, Plis Plas,
pie delante, pie detrás.

Plis Plas, Plis Plas,
pie delante, pie detrás;
Plis Plas, Plis Plas,
pie delante, pie detrás.

Y aquí se acaba
la historia de **Plis**,
la gotita viajera;
quien sepa otra mejor...
¡que la cuente, por favor!

Pero no olvides nunca
que el agua es un bien escaso.
Las fuentes, los riachuelos y los ríos.
Las lagunas, los lagos y la nieve de las montañas.
Los hielos de los glaciares y el agua de los mares.
La lluvia y las aguas subterráneas...

Todas son imprescindibles para que puedan vivir
las flores, las lechugas, los cerezos y los robles.
Las truchas, los caballitos de mar y los delfines.
Las mariposas, las cigüeñas y los pájaros.
Las ardillas, las jirafas y los corderitos...

Tu abuela, tu abuelo, tu papá y tu mamá...
Tú, tu hermano y tu hermana...
¡Y todas, todas tus amigas y amigos!

¡Valora el agua!
¡Cuidemos los mares!
¡Cuidemos los ríos!